ÉLÉMENS

DE PROCÉDURE

CRIMINELLE.

*

ÉLÉMENS

DE

PROCÉDURE

CRIMINELLE,

PAR B. M. GARRIGUES,

DOYEN DES COMMIS-GREFFIERS DE LA COUR ROYALE DE TOULOUSE.

TOULOUSE,

IMPRIMERIE DE LÉON DIEULAFOY,

RUE DES TOURNEURS, 45.

1834.

A la Cour Royale

DE TOULOUSE.

Que la Cour daigne me permettre de lui offrir, comme un témoignage de la reconnaissance la plus sincère des bontés qu'elle a toujours eues pour moi, ces *Elémens de Procédure criminelle,* où j'ai résumé les souvenirs de longues années. L'espoir de me rendre utile m'a servi de guide. Si j'ai rempli mes vues, et que la Cour, surtout, veuille bien agréer l'hommage que je lui fais, je trouverai là une récompense aussi douce que flatteuse.

GARRIGUES.

EXTRAIT

Des Registres des Délibérations de la Cour Royale de Toulouse.

Du Mercredi dix-neuf Novembre mil huit cent trente-quatre ;

La Cour, chambres assemblées ;

Présent, M. ROMIGUIÈRES, Procureur Général du Roi, Officier de la Légion d'honneur ;

M. le premier Président a invité la Commission nommée le vingt-trois Août dernier, pour examiner l'ouvrage de M. GARRIGUES, doyen des Commis-Greffiers, intitulé *Élémens de Procédure criminelle*, à faire son rapport, M. le Président GARRISSON, organe de cette Commission, dit que l'ouvrage dont il est question, sans contenir les développemens qui seraient la conséquence d'une étude approfondie de la matière, est néanmoins le résumé consciencieux et éclairé d'une longue et honorable pratique, et que son auteur a bien mérité de ses concitoyens, et leur a donné un utile exemple, en leur léguant le fruit de son expérience.

D'après ces considérations, la Cour accepte la Dédicace qui lui est offerte des *Élémens de Procédure criminelle*, et elle souscrit pour quarante exemplaires, sur papier vélin.

HOCQUART, premier Président; A. MIS, Greffier en chef, *signés*.

Pour extrait :

Le Greffier en chef,

A. MIS.

AVANT-PROPOS.

Voici un opuscule dont le style se ressent un peu de la matière que j'ai traitée, et notamment des fonctions que j'ai exercées pendant environ quarante ans, fonctions, comme on le sait, complètement étrangères aux images brillantes, aux tours harmonieux, aussi bien qu'aux mouvemens oratoires. Ayant fait, par état, un long usage d'une modeste rédaction, on conçoit, sans peine, qu'il devait m'en rester quelque chose, d'autant plus qu'à mon âge on se réforme difficilement. Il a donc fallu suivre l'impulsion donnée. Mais, d'ailleurs, et dans la forme, et au fond, je ne saurais avoir des prétentions élevées. Que mes idées ne soient pas entièrement perdues, c'est là toute mon ambition; heureux encore de pouvoir la satisfaire!

On sent bien que j'aurais pu me livrer à de nombreux développemens. Mais je n'ai eu d'autre intention que de faire un résumé des plus succincts, et qui fût à la portée de tout le monde.

J'ai divisé l'ouvrage en trois chapitres.

Le premier chapitre est consacré aux poursuites générales des divers crimes;

Le second a pour objet les poursuites particulières;

Le troisième concerne les personnes qui concourent à l'action de la justice.

Nota. Les personnes qui voudraient consulter l'auteur de cet ouvrage sur quelque affaire criminelle, peuvent s'adresser à lui en toute confiance. Il est logé rue des Blanchers, N.° 28. (*Note de l'Editeur.*)

ÉLÉMENS DE PROCÉDURE CRIMINELLE.

CHAPITRE PREMIER.

POURSUITES GÉNÉRALES.

Tous les crimes offrent des caractères différens; chacun d'eux a sa physionomie particulière. Il est donc du devoir du fonctionnaire de recueillir, aussitôt qu'un crime lui est dénoncé, les plus légères circonstances; quelque peu d'importance qu'on leur suppose, elles peuvent souvent amener la découverte de la vérité. Les exemples à l'appui ne manquent pas. Je citerai le suivant, parce qu'il est récent.

« Trois brigands pénètrent, à l'aide
» d'effraction, dans la boutique d'un
» bijoutier. Celui-ci, qui a tout en-
» tendu, va droit à eux. Au même
» instant, deux des malfaiteurs le
» saisissent à la gorge, tandis que le
» troisième expolie le magasin, et
» tous les trois disparaissent, laissant
» le bijoutier sans connaissance. Ce-
» pendant ce dernier, ayant recouvré
» ses sens, porta plainte à la police,
» et remit un bout de chandelle et
» un morceau de papier abandonnés
» par les voleurs. On reconnut dans
» le morceau de papier un lambeau
» de facture. La police fit des recher-

» ches, et découvrit un épicier qui
» déclara s'être servi, la veille du
» crime, de ce lambeau de facture
» pour envelopper une chandelle, et
» désigna l'individu qui la lui avait
» achetée. L'on se rendit sur-le-champ
» chez ce dernier, que l'on trouva
» partageant avec ses corrées le pro-
» duit de leur vol. »

Pour parvenir à un résultat satisfaisant, les premières recherches exigent la plus grande célérité et une attention particulière ; que les maires et les adjoints des campagnes se pénètrent bien de cette vérité. Dès qu'ils ont dénoncé le fait au procureur du roi, ils doivent se transporter sur les lieux, faire arrêter les individus suspects, les séparer, et les interroger sans retard, notamment d'après les dires de l'opinion publique sur leur compte; les fouiller et s'emparer des objets en leur possession qui pourraient se rattacher au crime; qu'ils relatent avec soin les variations et contradictions de leurs réponses.

Ils rapporteront dans le procès-verbal, l'une des pièces les plus essentielles de la procédure, et qui demande par conséquent toute leur attention, les renseignemens que les parens, les voisins, ou d'autres personnes leur auraient fournis. Tout ce qui aura frappé leurs yeux sur le lieu de la scène, un clou, un chiffon, une allumette, rien, en un mot, ne doit être négligé.

Ils feront des perquisitions partout où ils croiront pouvoir découvrir quelque indice, quelque présomption.

Ils mettront sous le scellé, en présence des prévenus, et après les avoir fait expliquer à ce sujet, le linge, les outils ou effets quelconques pouvant servir de pièce de conviction.

La même précaution doit être prise sur les lieux où l'on procède à des visites domiciliaires.

Il est en outre indispensable de suivre, s'il est possible, les traces qu'ont pu laisser les malfaiteurs; d'examiner si elles proviennent de pieds nus ou chaussés; de mesurer la longueur et la largeur des empreintes; de faire leur description, surtout si elles sont le résultat de quelque ferrure incomplète; d'adapter à ces empreintes tous souliers, bottes ou sabots que l'on jugera avoir quelque ressemblance avec elles.

Dans toutes les recherches, il faut se faire assister, suivant la nature des effractions, d'un maçon, d'un charpentier ou d'un serrurier, qui indiqueront de quelle manière elles ont été faites.

Dans le cas de flagrant délit, chaque citoyen doit non-seulement dénoncer le coupable, mais l'arrêter, pour le conduire immédiatement devant l'autorité compétente. Est réputé en flagrant délit tout individu surpris au moment où il commet un crime, ou bien dénoncé par la clameur publique, ou enfin trouvé nanti d'effets, armes, instrumens, papiers, ou autres objets faisant présumer sa culpabilité.

Quoique je n'aie désigné dans ce chapitre que les maires et les adjoints des campagnes, il est évident que les mesures indiquées conviennent à tous les fonctionnaires qui, les premiers, constatent l'existence d'un crime.

CHAPITRE 2.

POURSUITES PARTICULIÈRES.

EMPOISONNEMENT.

Froidement assassin, l'empoisonneur, afin d'atteindre sa victime, répand le poison dans des mets qui donneront quelquefois la mort à plusieurs personnes. L'atrocité d'un tel crime réclame toute la sollicitude de la justice.

Outre les mesures générales, il faudra recueillir, autant que possible, les matières vomies, pour les soumettre à une opération chimique; rechercher les pots, assiettes, casseroles, ou autres objets où le poison aurait pu être mis ; s'en emparer s'ils peuvent offrir quelque indice, ainsi que de tout papier qui paraîtrait avoir renfermé quelque matière vénéneuse. Souvent la qualité du papier peut fournir quelque éclaircissement. Il est très-utile de s'enquêter des lieux où se rendait plus fréquemment l'individu suspecté; de faire vérifier les registres des marchands épiciers et des pharmaciens des environs; de prendre avec eux des renseignemens, et de leur montrer le papier saisi, pour savoir s'ils en ont de pareil, et, dans ce cas, s'ils n'en auraient pas remis à quelque personne.

L'officier de santé chargé de faire l'autopsie du cadavre, doit conserver précieusement les matières qui peuvent contenir des indices du crime, pour ensuite être soumises à des opérations chimiques.

INCENDIE.

La découverte de ce crime présente presque toujours de grandes difficultés, à cause des précautions dont s'environne son auteur.

Recherchez d'abord les traces que l'incendiaire a pu laisser avant et après la consommation du crime.

Vérifiez parmi les cendres s'il y a des étoupes ou chiffons ficelés ou à demi brûlés, ou autres objets étrangers au local incendié, et qui auraient pu servir à porter le feu.

Informez-vous de la moralité des individus qui étaient ennemis de la victime de ce désastre.

Interrogez-les de suite, surtout s'il existait auparavant des menaces.

Examinez attentivement leur maintien.

Consignez leurs réponses, leurs hésitations, et même leur air embarrassé. Tout cela peut aider à procurer la vérité.

Le procès-verbal indiquera en outre si le feu a été mis dans une maison habitée, ou à des meules de paille, ou à d'autres objets non destinés à l'habitation, en désignant la valeur approximative du dommage causé.

ASSASSINAT.

L'assassinat est un meurtre commis avec préméditation ou guet-apens. Son auteur a donc dû prendre les précautions qu'il a cru nécessaires pour éviter d'être découvert. Mais, par un effet de la Providence, ordinairement les coupables sont reconnus et punis.

La cupidité ou la vengeance guident en général la main de l'assassin. Aussi c'est sur ces deux mobiles que la justice doit principalement se fixer. Il faut, sitôt que le crime est commis, se transporter sur les lieux, décrire leur position, recueillir avec le plus grand soin tout ce qui a servi ou appartenu au meurtrier, et qu'il aurait été forcé d'abandonner. Souvent la bourre, ou le bouchon de papier à demi brûlé d'un arme à feu, a fait reconnaître le coupable.

On s'enquête des ennemis de la victime, dans quels lieux ils se trouvaient au moment du crime, des jactances ou menaces antérieures. On s'empare des objets qui auraient pu servir à son exécution, et on les fait adapter, s'il y a lieu, aux blessures par des gens de l'art.

Afin de s'assurer si l'individu soupçonné ne possède pas des effets appartenant à la victime, on visite son vestiaire avec le plus grand soin, et l'on examine attentivement si ses habits ne sont pas tâchés de sang.

Les gens de l'art, appelés pour la vérification du cadavre, doivent déclarer si cette mort violente est le résultat d'une arme à feu, d'une arme tranchante, piquante, contondante, et signaler les blessures avec le plus scrupuleux examen.

Il est encore nécessaire d'indiquer les blessures récentes que pourrait avoir l'individu soupçonné.

INFANTICIDE.

Le cadavre d'un enfant nouveau-né

est découvert, il faut faire constater la cause de sa mort, s'informer si elle résulte du crime ou de l'imprudence. L'autopsie du cadavre doit être faite avec soin; que l'on vérifie surtout l'intérieur de la bouche. N'aurait-on pas étouffé l'enfant en introduisant dans le gosier quelque corps étranger?

La fille, femme ou veuve, que l'on suppose accouchée récemment, doit être visitée sans aucun retard par des personnes compétentes, quand bien même elle se dirait la mère de l'enfant et l'auteur de l'homicide; car, dans tous les cas, elle peut rétracter ses premiers dires. Cette visite est d'une absolue nécessité pour la découverte de la vérité.

En voici un exemple entre plusieurs autres :

« Des gendarmes voient sortir d'une

» forêt une fille qui, par son air effaré
» et quelque désordre dans ses habits,
» leur paraît suspecte. Ils l'arrêtent,
» l'interrogent, et elle commence à
» divaguer dans ses réponses. Cependant, après plusieurs autres questions, elle déclare qu'elle vient
» d'enterrer un enfant dont elle se
» dit la mère. Les gendarmes exigent
» qu'elle les conduise au lieu où elle
» a enseveli le cadavre. Elle obéit;
» elle parcourt plusieurs fourrés dont
» cette forêt est remplie, disant qu'elle
» ne sait plus retrouver l'endroit de
» la sépulture. Les gendarmes font
» aussi des recherches, et ne découvrent rien.

» Néanmoins elle est conduite devant le juge d'instruction, à qui elle
» fait la même déclaration. Nouvelles
» perquisitions dans la forêt sur les

» indications qu'elle donne; elle y est
» même conduite. Mais les recher-
» ches sont infructueuses, aucun ca-
» davre n'est découvert. Alors on dit
» qu'elle ne serait poursuivie que pour
» suppression d'enfant. Cette fille, en
» apprenant qu'elle ne pouvait pas
» être condamnée à mort, demande
» à être interrogée de nouveau, et
» nie l'accouchement. On la visite,
» et l'on reconnaît qu'elle est vierge.
» Elle donna pour motif de sa con-
» duite, l'envie de perdre la vie. »

L'on a vu des filles qui ont été acquittées, parce qu'on avait négligé de les faire visiter en temps utile, et que, plus tard, les traces d'un accouchement récent avaient laissé quelque doute.

—

MEURTRE.

Le meurtre est un homicide volontaire, sans préméditation, ni guet-apens. Il doit être constaté et recherché comme l'assassinat. En général, les preuves et l'auteur sont plus aisés à découvrir. Aussi je n'entrerai dans aucun détail, parce que je m'exposerais à des répétitions inutiles.

Je dirai seulement qu'il faut s'assurer si l'arme avec laquelle l'homicide a été commis était essentiellement meurtrière, et si le prévenu a porté des coups de nature à produire nécessairement la mort, suivant la partie du corps où il les a dirigés. C'est afin de pouvoir bien apprécier son intention que j'indique cette mesure.

FAUSSE MONNAIE.

Attachez-vous principalement à découvrir les fabricateurs, ainsi que les divers outils et ustensiles dont ils se sont servis. Indépendamment de toutes les diligences que les circonstances commanderont, discernez, autant que possible, les porteurs de bonne foi, des distributeurs de mauvaise foi. Informez-vous de la moralité des uns et des autres.

VIOL.

Aussitôt que vous aurez reçu la plainte, faites vérifier la personne violée, si elle déclare qu'il existe sur quelque partie de son corps des traces des violences qu'on a exercées sur elle. Constatez le désordre de ses vêtemens ; faites-vous remettre les effets qui pourraient présenter des indices de l'existence du crime. Si vous pouvez faire comparaître devant vous celui qui vous sera désigné par la plaignante, faites-le visiter incontinent ; examinez son linge ; dans le cas où il aurait eu le temps d'en changer, recherchez dans son domicile celui qu'il aurait quitté. Cette mesure a eu souvent un bon résultat.

Assurez-vous encore si le prévenu a donné antérieurement des marques du projet qu'il méditait. Vérifiez le lieu où le crime a été commis. Ce lieu est-il solitaire ? Quelque voisin a-t-il pu entendre les cris de la victime ? S'agit-il d'un chemin ou d'un champ, faites-en la description. Lorsque le viol a été tenté ou consommé avec violence dans une maison, vérifiez les lits, les chaises longues, etc., et constatez leur dérangement.

ATTENTAT PUBLIC A LA PUDEUR.

En général, les mêmes précautions que pour le viol doivent être prises.

FAUX TÉMOIGNAGE.

Les poursuites sont aisées, puisqu'il n'est crime que lorsqu'il est commis en audience publique d'une cour ou d'un tribunal.

REBELLION ET ÉMEUTE.

L'autorité ou le fonctionnaire qui éprouve de la résistance de la part des attroupés, doit d'abord connaître leur nombre ; qu'il sache s'ils étaient porteurs d'armes, et de quelle espèce; s'ils en ont fait usage ; quel était leur mot de ralliement, et quels cris ils proféraient. Après avoir épuisé tous les moyens de persuasion pour les engager à se retirer, il faudra faire les trois sommations légales, à des distances suffisantes, afin que les attroupés aient le temps d'obéir. Si, malgré cette invitation, ils ne se retirent pas, employez la force avec le plus de ménagement possible ; car vous ne devez jamais oublier que les attroupés sont des français, dont la majeure partie est plus égarée que coupable.

Dans ces circonstances critiques, l'arrestation des principaux chefs de l'attroupement doit toujours avoir lieu, pour les interroger de suite.

Les crimes contre la sûreté de l'état ou la famille royale, sont poursuivis et jugés par la chambre des pairs, je ne dois pas m'en occuper.

VOLS.

Il en est de plusieurs espèces, je ne traiterai que de ceux que la loi qualifie de crimes.

Vol en réunion armée, pendant la nuit, avec violences envers les personnes, dans des lieux habités, à l'aide d'effraction ou d'escalade.

Ce crime présente tant de perversité, qu'on doit employer tous ses efforts pour en poursuivre et punir les auteurs. Il ne faut négliger aucun des moyens indiqués par la loi, et de ceux que les circonstances impérieuses sembleront commander.

Ordinairement ces bandes sont composées d'individus de plusieurs communes voisines. Leur conduite, leurs absences fréquentes, leurs dépenses, souvent au-dessus de leurs facultés, donnent à leurs voisins des soupçons qu'ils n'osent communiquer, par la crainte que ces individus leur inspirent, ce qui procure l'impunité.

Les fonctionnaires publics, les maires et les adjoints doivent, lors de l'existence de ces bandes, les poursuivre à outrance.

Aussitôt qu'on saura qu'une maison a été attaquée, il faut envoyer des exprès à tous les maires voisins, qui feront sonner le tocsin. Cette mesure extraordinaire etconvenue, peut avoir été annoncée auparavant, soit par les maires à leurs administrés, soit par les curés lors de leurs prédications, si toutefois l'autorité supérieure y donne son assentiment.

Alors les maires ordonnent des battues dans les forêts, les vallons, et partout où ils le jugent nécessaire; ils font arrêter tout étranger à la commune, parce que la bande a dû se séparer après son expédition. Il faut s'informer si quelque habitant, soupçonné auparavant, a découché; à quelle heure il s'est retiré; ce qu'il portait; savoir les motifs de son absence; faire des recherches dans son domicile, et s'emparer de tout ce qu'on croira suspect. On doit même le mettre en état d'arrestation.

On a tout lieu d'espérer que, si ces mesures vigoureuses sont prises, la dispersion de ces bandes en sera le résultat.

Quand un maire est instruit qu'un crime de ce genre vient d'être commis dans sa commune, il doit, outre les mesures ci-dessus indiquées, se rendre sur les lieux, constater tous les excès, vols et dégâts, le nombre des brigands qui ont été vus; désigner ceux qu'on a reconnus, leur costume, leur déguisement, leur signalement, la nature et la description de leurs armes, les propos qu'ils ont tenus, et en quel idiôme; examiner ensuite leurs traces; les suivre, autant qu'il sera possible, pour connaître la direction qu'ils auront prise; en un mot, faire tous ses efforts pour les découvrir, parce qu'aucune considération ne doit arrêter, ni intimider un honnête homme pénétré de ses devoirs et de l'amour de son pays. L'estime et l'affection de ses concitoyens seront pour lui la récompense de son zèle et du courage qu'il aura montré dans de telles circonstances.

Vol commis par plusieurs individus, mais sans violences envers les personnes. —

Vol effectué par un seul individu, à l'aide d'effraction ou d'escalade, ou pendant la nuit, ou dans des maisons habitées.

Relativement à ces deux vols, les poursuites à faire sont suffisamment détaillées dans tout ce qui a été dit pour les crimes en général.

VOLS SUR LES CHEMINS PUBLICS.

Il y en a de deux espèces ; ceux avec violence, laissant des traces de blessures ou contusions, et ceux sans violence. Les uns et les autres se poursuivent de la même manière. Que l'on ait néanmoins la précaution de consigner dans le procès-verbal, quant au premier cas, le nombre et le signalement des malfaiteurs, ce qui pourrait les faire reconnaître, et faciliter les recherches.

VOLS DOMESTIQUES.

Les objets volés, tels que les bijoux et l'argenterie, sont découverts quelquefois chez des orfèvres ou des bijoutiers. Quant au linge, on le vend généralement à des fripiers ou à des proxénètes, dont il est utile de vérifier souvent les registres.

Que l'on se rende aussi dans les lieux que fréquentaient les domestiques, pour y demander des éclaircissemens. Souvent les objets volés y sont déposés. Ces divers moyens ont presque toujours réussi.

Il existe chez la très-grande majorité des personnes volées par leurs domestiques, une façon d'agir coupable dans ces occasions. On se contente, lorsqu'on s'aperçoit de quelque vol commis par le domestique, de le chasser, et de lui dire : *Va te faire pendre ailleurs.* Ces personnes ne réfléchissent pas que l'impunité porte le plus grand préjudice ; qu'à l'aide de faux certificats ou d'attestations verbales de complaisance, ce même domestique se placera, et continuera de voler, que peut-être il n'est entré à leur service qu'à suite de quelque vol commis dans la maison où il était, et où on l'a pardonné. D'ailleurs, on a le double avantage de faire savoir à ses domestiques que l'on n'est pas dans l'intention de leur faire grâce, s'ils ont envie de vous voler, tandis que le contraire les enhardit.

CRIMES POSSIBLES NON POURSUIVIS.

On peut commettre des crimes qui présentent tous les caractères de l'assassinat, et qui restent impunis. En voici la possibilité. Tous les décès sont dénoncés à l'officier de l'état civil. Celui-ci s'assure-t-il du genre de mort du défunt? *Non*; pourtant le défunt peut avoir été homicidé dans le cours de sa maladie, ou au moment où il allait rétablir sa santé. La loi impose l'obligation de se convaincre si la mort d'un individu est naturelle ou violente. Que de négligences successives dans cette partie de l'administration !

Autre espèce. Le cadavre d'un noyé est trouvé. Que fait-on ? On s'empresse de le faire enterrer, sans faire vérifier si les blessures qu'il peut avoir sur son corps, lui ont été faites avant ou après sa submersion. Les officiers de santé savent les distinguer aisément.

Le parricide commis sur la veuve Cantegril n'eût pas été puni, sans la présence d'esprit d'un commissaire de police qui s'opposa à l'inhumation du cadavre, à laquelle on allait procéder, parce qu'il voulut faire vérifier les blessures qui étaient sur le corps de cette infortunée.

FAUX EN ÉCRITURES.

Ce crime exige des poursuites particulières.

Le porteur d'une pièce arguée de faux doit la déposer au greffe, où il en sera dressé procès-verbal descriptif ; elle sera de suite paraphée par le greffier et le déposant. Copie de ce procès-verbal est remise à ce dernier pour lui servir de décharge. Aussitôt que le dépôt est effectué, il faut se procurer de l'écriture authentique, s'il est possible, de celui ou de ceux que l'on croit auteurs du faux. A cet effet, il est rendu par le juge d'instruction des ordonnances en apport de ces diverses écritures. Lors de leur remise, on doit dresser des procès-verbaux comme pour la pièce arguée, et les faire également parapher. Le juge d'instruction doit aussi mettre son *ne varietur* sur toutes les pièces. Aussitôt qu'on procède au premier interrogatoire du prévenu, on fait mettre sa signature sur toutes les pièces incriminées ou de comparaison que l'on a pu se procurer, après lui avoir demandé s'il admet ces dernières.

Lorsque vous vous trouvez dépourvu de pièces de comparaison, il faut inviter les prévenus à écrire devant vous ce que vous allez leur dire. Alors, s'ils y consentent, et sans que cela paraisse affecté, vous dictez à-peu-près le contenu de la pièce arguée, ou partie d'icelle, en prenant la précaution de placer au commencement la dernière phrase ou celle du milieu de la pièce, et de finir par le haut, en changeant néanmoins le sens.

Tous les témoins qui donnent quelque explication sur les pièces incriminées, y doivent apposer leur *ne varietur*. Dans le cas où quelqu'un d'eux ne saurait pas signer, il doit en être fait mention dans sa déclaration écrite.

Il est ensuite nommé des experts-écrivains, pour procéder à la vérification des diverses écritures, en présence du juge et du greffier. Avant de leur remettre les pièces, ils doivent prêter le serment voulu par la loi.

Il me paraîtrait plus régulier que chaque expert opérât seul sans la présence des autres, et que chacun d'eux remît son travail séparément ; tandis qu'un seul rapport peut faire présumer que c'est l'ouvrage de l'un d'eux, signé de confiance par les autres. D'ailleurs, il ne peut y avoir que l'opinion ou les conjectures du rédacteur, et non celles des autres, malgré leur dénégation.

Leurs rapports doivent être clairs et laconiques autant que faire se peut; car leur longueur, dont toujours on se plaint, n'a souvent servi qu'à des discussions désagréables, surtout quand un défenseur croit y trouver des contradictions. Alors les experts sont soupçonnés, à tort ou à raison, de n'avoir agi ainsi, que pour augmenter le nombre de leurs séances.

DÉLITS.

Quoique mon plan fût de ne m'occuper que des poursuites à exercer contre les auteurs des crimes, j'ai cru qu'il ne serait pas inutile de parler de deux délits qui peuvent devenir dangereux pour la société, parce qu'ils se rattachent essentiellement à l'opinion publique. Ce sont les suivans.

Provocation dirigée contre l'autorité publique, dans un discours pastoral, prononcé publiquement.

Ce délit, qui paraît très-difficile à prouver, peut porter un préjudice notoire à la société, en provoquant à la désobéissance à la loi, à la haîne du gouvernement, et en perpétuant la division parmi les citoyens, et trop souvent dans les familles.

Ne pourrait-on pas en acquérir la preuve avec des sténographes qui assisteraient à ces discours, et consigneraient ce qu'ils contiendraient de dangereux? Cette mesure n'aurait-elle pas du moins l'avantage, à cause de la surveillance qui en résulterait, de contenir dans de justes bornes les orateurs chrétiens qui méconnaissent les augustes fonctions dont ils sont investis? Leur petit nombre rendrait d'ailleurs l'exécution facile.

DÉLITS POLITIQUES.

Il en est de deux espèces, les cris séditieux, et ceux commis par la voie de la presse. Leur poursuite peut avoir lieu de deux manières, 1.° par une instruction devant le juge; 2.° par une citation directe devant la cour d'assises.

Dans le cas d'une instruction pour délits commis par la voie de la presse, le ministère public les poursuit d'office. Il est tenu, dans son réquisitoire, d'articuler et de qualifier les faits à raison desquels sa poursuite est intentée, à peine de nullité. Quand le juge a reçu le réquisitoire, il peut ordonner la saisie des écrits imprimés ou autres objets. L'ordonnance et le procès-verbal de saisie sont notifiés dans les trois jours à la personne entre les mains de laquelle la saisie a été faite, à peine de nullité. Dans les huit jours suivans, le juge d'instruction fait son rapport à la chambre du conseil, qui prononce la main levée de la saisie, si elle est unanimement d'avis qu'il n'y a pas lieu à suivre. Dans le cas contraire, les pièces sont transmises au procureur général, qui est tenu, dans les cinq jours, de faire son rapport à la chambre d'accusation, qui doit prononcer dans les trois jours suivans. L'arrêt de prévention et de renvoi devant la cour d'assises doit articuler et qualifier les faits, à peine de nullité.

La saisie est périmée de plein droit, si la chambre du conseil n'a pas prononcé dans les dix jours de la notification du procès-verbal de saisie. Elle le sera aussi, si la chambre d'accusation n'a pas statué dans les dix jours de la remise au greffe de la requête que la partie saisie est autorisée à déposer. La péremption de la saisie entraîne celle de l'action publique.

Le mode de procéder devant la cour d'assises est suffisamment développé dans les fonctions que le président doit remplir dans cette occasion, sans avoir besoin d'entrer dans aucun détail.

Cependant je ne puis m'empêcher de faire part des observations que j'ai faites lors des poursuites qui ont eu lieu.

Je me suis convaincu que le développement que l'on donnait à la défense, et qui était rapporté par les journaux, occasionnait plus de mal que le délit lui-même; car ce délit serait passé inaperçu, tandis que les poursuites lui donnent une publicité dont s'empare l'opinion publique, ce qui devient toujours nuisible. Je pense qu'on ne saurait avoir assez de circonspection en pareil cas.

Pour les autres crimes ou délits, je crois avoir indiqué, par tout ce que j'ai dit, les moyens principaux de poursuivre et de découvrir leurs auteurs. Les localités et les circonstances suppléeraient d'ailleurs à ceux que j'aurais oubliés.

CHAPITRE 3.

DES PERSONNES

Qui concourent à l'action de la Justice.

DES COMMISSAIRES DE POLICE.

Leurs fonctions, en matière criminelle, sont, pour ainsi dire, la clef des procédures; je les ai tracées dans le chapitre 1.er A un jugement exquis, il faut qu'ils réunissent un zèle au-dessus de toute expression. C'est à eux en général que s'adressent toutes les plaintes; ils se contentent, si cela est indispensable, de se rendre sur les lieux, où ils dressent des procès-verbaux, en y consignant les dires des plaignans; et puis les transmettent aux procureurs du roi. En général, ils se bornent à ces opérations. Je conviens néanmoins qu'il en est parmi eux qui portent leurs investigations beaucoup plus loin, et dont la conduite mérite de grands éloges.

Voici la marche qu'il me paraît convenable de suivre.

Un commissaire de police doit parcourir souvent son arrondissement, sans être connu autant que possible; s'informer des honnêtes gens et des individus suspects qui l'habitent; connaître les auberges, cafés, cabarets, et maisons de prostitution, si multipliées aujourd'hui; se rendre fréquemment dans ces mauvais lieux; s'assurer, d'une manière positive, quels sont les individus qui les fréquentent ordinairement, connaître leur moralité, ainsi que leurs ressources ; être inexorable envers les femmes de mauvaise vie, et les chasser de la ville si elles paraissent avoir quelques relations avec des malfaiteurs ; car, il ne faut pas se le dissimuler, ces derniers sont très-généreux à leur égard ; aussi cherchent-elles à leur être utiles de toutes les manières.

Pour bien recueillir des renseignemens, faites en sorte que ces femmes-là, surtout les plus jolies, veuillent ne vous rien cacher, et qu'elles prennent la précaution de se déguiser lorsque vous les ferez appeler. Ayez beaucoup d'adresse avec elles ; la plupart sont singulièrement rusées, et peuvent vous induire en erreur.

Quand un voleur, faisant partie de quelque bande organisée, arrive dans une ville, il sait la maison qui doit le recevoir. Il apprend ce qu'il doit faire le soir même ; mais il ne tarde pas à aller coucher chez quelque jolie femme de mauvaise vie, qu'il paye généreusement. Par le canal de cette dernière, vous pouvez parvenir à saisir ces malfaiteurs, et découvrir leurs complices.

Quelquefois ces voleurs arrivent avec leurs maîtresses, munis de papiers qui paraissent bons quand ils voyagent dans des voitures publiques. Assurez-vous du lieu où ils ont pris la diligence ; presque toujours c'est sur la route, et rarement au lieu de départ. En général, ils ne vont pas descendre dans des hôtels ou auberges ; c'est dans des maisons qui leur ont été indiquées d'avance. Surveillez avec soin ces repaires; car, s'ils n'existaient pas, plusieurs crimes ne seraient pas commis. C'est dans ces lieux que les complots se trament, et que les objets volés sont transportés et partagés.

Ayez un œil vigilant sur vos agens secrets, ils n'ont pas toujours toute la délicatesse désirable. Je n'oublierai pas ce propos d'un fameux voleur : « La police donne un petit écu pour » nous surveiller ; et, nous, nous » donnons douze francs à ses agens ; » aussi sommes-nous mieux servis » qu'elle. »

Méfiez-vous de ces individus qui, sous le prétexte de vous faire un rapport vrai ou calomnieux, et relatif à des opinions politiques, vont fréquemment dans les bureaux de la police ;

leur intention n'est que de savoir ce qui se passe, pour en instruire leurs complices.

J'ai connu un individu, faisant l'exalté dans l'opinion du jour, qui se rendait habituellement dans les bureaux de la police ; il liait conversation avec les fonctionnaires et leurs subalternes, pour tâcher de découvrir les démarches qui avaient été faites, et les mesures qu'on se proposait de prendre lorsqu'un crime avait été commis, ou qu'il était prêt à être mis à exécution. Cet individu était un agent des malfaiteurs, et leur rapportait tout ce qu'il avait appris à la police. J'eus le bonheur de le démasquer, il ne reparut plus dans la commune.

Il est encore d'autres individus qui doivent être soigneusement surveillés; je veux parler des marchands colporteurs. Ce sont en général des voleurs, ou tout au moins des filous. Les plus dangereux sont ceux que vous trouvez sans cesse en règle, lorsque vous vérifiez leurs papiers. Ayez soin d'examiner si leur passe-port a été délivré par un maire ou adjoint d'une petite commune, parce que, dans le cas de l'affirmative, on peut soupçonner une forte connivence entre le porteur et celui qui l'a délivré. Quand ces individus ont la certitude qu'on a l'œil sur toute leur conduite, ils s'empressent de porter ailleurs leur industrie.

Relativement aux agens secrets que vous employerez, ayez soin de vous assurer, non de leur moralité (elle doit toujours paraître suspecte), mais de leur aptitude à remplir vos ordres, ainsi que de la célérité qu'ils mettront dans leur exécution ; et qu'ils ne vous fassent des rapports qu'avec le plus grand secret. Exigez d'eux beaucoup d'adresse, de dextérité et de discernement. Accordez-leur des primes lorsqu'ils vous auront bien secondé ; c'est le moyen d'être bien servi. Ayez encore de ces agens que vous ne payerez qu'à raison d'un fait vrai, que vous aurez pu prévenir ou faire punir. Vous pouvez pour cela employer des forçats libérés, ou des individus en surveillance. Ce moyen est facile, puisque tous doivent se présenter à la commune relativement à leur position.

Il y a encore d'autres agens soi-disant secrets, et que presque tout le monde connaît, qui se rendent dans les cafés, billards, promenades, et même aux audiences des tribunaux.

De quelle utilité sont-ils ? Ils rapporteront un propos dont ils auroint entendu une partie, le broderont pour se faire valoir, et compromettront la réputation de beaucoup d'honnêtes gens. J'en entendis un répondre, sur l'observation qu'il passait son temps bien agréablement : *Que veux-tu que je fasse pour cinquante francs qu'on me donne par mois*. Ces individus ne me paraissent pas d'une grande utilité pour l'intérêt public.

S'agit-il de la haute police de l'état, je suis convaincu que je n'ai pas besoin d'entrer dans de grands détails, parce qu'il est très-aisé de trouver dans une certaine classe de la société beaucoup de lâcheté et de corruption. Aussi je m'abstiendrai de donner aucun développement à ce sujet.

DES JUGES DE PAIX.

La nature de leurs fonctions, toutes civiles, les rend en général inhabiles à une instruction criminelle. Ils ne peuvent pas y apporter cet empressement et ce zèle que comporte toujours cette opération, parce qu'il faut effectuer un transport sur les lieux, quelquefois éloignés de deux ou trois lieues, se procurer des chevaux ou une voiture, prévenir le greffier, et attendre l'arrivée de la gendarmerie. Ces contrariétés occasionnent toujours des retards qui facilitent l'évasion des coupables, ou font périmer les preuves. D'ailleurs, ces opérations paraissent gratuites, tant pour le juge que pour le greffier ; n'espérez pas, quoiqu'on proteste du contraire, obtenir un résultat tel que vous le désirerez. En outre, les fonctions des greffiers, dans cette occurrence, sont accidentelles, et peu propres à faire saisir cet à-propos nécessaire pour découvrir la vérité. Cependant je suis convaincu qu'il en est beaucoup d'entre eux qui ont une capacité peu commune dans cette partie, et qui portent l'amour de la chose publique jusqu'à faire tous les sacrifices possibles.

DES JUGES D'INSTRUCTION ET DES PROCUREURS DU ROI.

Quoique leurs fonctions soient bien détaillées dans le code d'instruction criminelle, je me permettrai quelques observations.

J'ai connu un juge d'instruction qui avait la prétention de soutenir que lorsqu'il avait acquis pour lui, par quelque pièce du procès, ou par quelque déclaration de témoins, la conviction de la culpabilité d'un prévenu, il clôturait la procédure, et la présentait à la chambre du conseil. Comment se faisait-il qu'il pût impunément agir de la sorte? On ne peut l'attribuer qu'au défaut de surveillance ou de réquisitions du procureur du roi, qui, d'après la loi, est chargé de vérifier tous les actes du juge d'instruction, et de requérir tout ce qu'il y a à faire. Aussi qu'on examine toutes les procédures de cette époque, et l'on n'y trouvera que des réquisitions très-laconiques sur la plainte ou le procès-verbal, et celles faites lors du rapport devant la chambre du conseil. On me répondra peut-être que les réquisitions, lors des autres actes, ont pu être faites verbalement. Cela est dans l'ordre des choses possibles ; mais rien ne le justifiait dans les pièces. Alors le doute laisse une mauvaise impression sur des fonctionnaires estimables sous tous les rapports ; et c'est ce qu'il faut éviter.

Je crois au contraire qu'un juge d'instruction doit épuiser tous les renseignemens qui lui parviennent, n'importe par quel moyen ; car je suppose que quelque déclaration d'un témoin, même *de visu*, sur un crime commis, lui soit faite ; ne peut-il pas arriver que ce témoin, d'ailleurs de bonne foi, se soit trompé ? Aussi je pense qu'il est de toute justice d'entendre les personnes qui sont indiquées par le prévenu, pour prouver son innocence. Ne peut-il pas se présenter en sa faveur un alibi péremptoire? L'intérêt de la société n'est pas au-dessus de celui de l'individu inculpé ; car il n'est coupable que lorsqu'il est condamné.

Je désirerais encore que les déclarations des témoins, rédigées par le juge, et dégagées de tout ce qui est inutile, présentassent beaucoup de clarté, et que tout fait, pour si insignifiant qu'il parût d'abord, mais qui pourrait se rattacher au fait principal, y fût consigné. Combien de fois n'avons-nous pas entendu, en audience publique, des témoins affirmer que le juge avait négligé de faire écrire ce qu'ils ajoutaient dans leurs déclarations orales, ce qui occasionne presque toujours des débats fâcheux, et fait planer des soupçons sur les dires du témoin. Il est donc essentiel de porter la plus grande attention dans la rédaction des dépositions.

Dans les interrogatoires, le magistrat doit avoir le soin, après ou avant les faits principaux, de questionner le prévenu sur sa vie antérieure; qu'il sache s'il a été repris de justice, et où il l'a été, quels sont ses moyens d'existence. En un mot, que ses diverses demandes, qui du reste ne doivent jamais être captieuses, tendent à faire connaître la vérité. Si, dans ce but, il fait au prévenu quelque promesse, qu'elle soit de nature à pouvoir se réaliser. Il serait très-blamable d'abuser à cet égard de sa confiance, méconnaissant ainsi le devoir qu'impose la dignité de la justice.

Les grands crimes surtout exigent beaucoup de discernement pour obtenir des aveux, et pour découvrir les co-auteurs ou complices. Voici un des moyens que j'ai vu réussir. Le juge, vers la fin de l'interrogatoire, s'absente quelques instans. Dans cet intervalle, le greffier, qui aura paru, pendant l'interrogatoire, s'intéresser au prévenu, lui adresse plusieurs questions, et l'exhorte vivement à faire l'aveu de son crime, en lui donnant l'espoir que ce témoignage sincère de son repentir peut considérablement améliorer son sort; de telles mesures, je le répète, ne sont pas toujours sans succès.

Si le prévenu est signalé pour avoir quelque difformité, cicatrice ou blessure récente, ayant de l'analogie avec le fait principal, le juge le fait visiter.

Dans les confrontations, l'embarras du prévenu, toujours inséparable de sa position, doit être constaté.

Si les circonstances exigent que le prévenu soit mis au secret, que ce soit le moins long-temps possible, et dans un lieu salubre. On doit même chercher à éviter la rigueur de cette mesure, en séparant les co-prévenus, de manière néanmoins que toute communication entre eux soit interdite, jusqu'à ce que l'on ait acquis tous les renseignemens que l'on désire, et qu'on doit se procurer avec une grande célérité dans le commencement de l'instruction de la procédure ; on les complète par tous les éclaircissemens qui peuvent parvenir à la connaissance des magistrats.

Quant aux pièces de conviction, je crois que le scellé doit y être mis, autant que cela est possible, de manière que les objets puissent être présentés, tant aux prévenus qu'aux témoins, sans avoir besoin de le rompre ; car il est de rigueur qu'un scellé ne peut être levé et remis qu'en présence du prévenu, après lui en avoir fait reconnaître l'intégrité avant la rupture. On exigera aussi que ce dernier, lors de l'apposition du scellé, y mette son *ne varietur*; s'il s'y refuse, il en est fait mention dans le procès-verbal.

Les juges d'instruction sont en outre tenus de visiter, une fois par mois, les personnes détenues dans les maisons d'arrêt, et de statuer ou de faire statuer sur les réclamations qui leur seraient faites.

DES CHAMBRES DU CONSEIL.

Quand le juge d'instruction pense qu'il a définitivement terminé la procédure pour ce qui le concerne, il la renvoie au procureur du roi, qui requiert une continuation d'instruction, ou qu'elle soit soumise à la chambre du conseil, où le juge fait son rapport. Un seul magistrat suffit pour faire renvoyer le prévenu devant la chambre d'accusation. Je sais que telle est la loi ; mais je ne puis m'empêcher d'observer que cette mesure est en contradiction manifeste avec les autres dispositions législatives, qui sont toutes en faveur des accusés. Quoi ! l'opinion d'un seul juge est suffisante pour déclarer la prévention et retenir un individu dans les fers, jusqu'à ce que d'autres juges aient statué sur le sort du prévenu, tandis que les autres membres de la chambre ont la conviction du contraire ! Au demeurant, le procureur du roi n'a-t-il pas la voie de l'opposition s'il croit la décision des juges erronée. Je ne saurais trop le répéter, je crois cette mesure en contradiction avec tous les principes en matière criminelle. Je pense que, si cette disposition était de nouveau soumise aux méditations du législateur, elle serait réformée.

Aussitôt que la chambre du conseil a prononcé le renvoi, on doit s'empresser de dresser l'ordonnance de prise de corps, et de transmettre la procédure, le plutôt qu'on le pourra, au procureur général; car le plus léger retard peut prolonger souvent de plusieurs jours, et quelquefois d'un mois entier, la détention d'un individu.

En voici une preuve :

Quand une procédure est transmise au parquet de la cour royale, le rapport en est fait à la chambre d'accusation, à la suite de celles qui y sont parvenues avant elle. S'il s'en trouve quelqu'une de compliquée, et qui exige plusieurs jours pour son examen, voilà le rapporteur forcé d'attendre pour qu'il y soit statué; ce qui peut risquer d'occasionner son renvoi à une session d'assises autre que celle où elle aurait pu être soumise, et porter sans contredit un grand préjudice à l'accusé, soit qu'on l'acquitte, soit qu'on le condamne, parce que son jugement ne doit compter que du jour où il est déclaré définitif.

DES CHAMBRES D'ACCUSATION.

Les fonctions des magistrats qui la composent, et qui sont au nombre de cinq, paraissent au premier aperçu très-aisées à remplir. Mais il en est autrement; aussi chaque magistrat prête-t-il au rapport du ministère public, toute l'attention dont il est susceptible. Les mémoires présentés au nom des prévenus sont lus avec soin. Quelquefois des juges, non contens d'une première lecture de certaines pièces, les relisent, et font des observations si judicieuses, que leurs collègues, qui ont émis leur opinion, changent d'avis.

Lorsque la chambre décide qu'une procédure n'est pas suffisamment instruite, elle ordonne de nouvelles informations, et désigne à cet effet un de ses membres. Très-souvent celui-ci se contente de commettre le juge d'instruction pour le suppléer ; mais il faut faire attention que ce dernier peut voir, dans la délégation qui lui est faite, une preuve de sa négligence, et ne pas apporter tout le zèle que cette opération commande. Il est donc plus utile que le magistrat ne délègue personne, qu'il se rende lui-même sur les lieux, où il pourra acquérir des renseignemens qui serviront pour ou contre l'accusé.

La procédure ayant reçu son complément, les magistrats peuvent prononcer :

La mise en liberté du prévenu, ce qui a lieu de suite ;

Son renvoi en police judiciaire, alors il est mis en liberté s'il est détenu ;

Ou devant un tribunal correctionnel ;

Ou, enfin, devant la cour d'assises.

Dans ce dernier cas, il faut avoir la précaution de bien préciser dans l'arrêt le fait imputé à l'accusé, avec toutes les circonstances qui s'y rattachent ; car il sert à la rédaction de l'acte d'accusation, et à la position des questions devant la cour d'assises, dans le cas où le ministère public les aurait oubliées, ou les aurait cru inutiles dans la rédaction de l'acte d'accusation. On a vu des procédures cassées, parce qu'on n'avait pas soumis aux jurés des circonstances résultant de l'arrêt de renvoi devant la cour d'assises.

Après la signification de l'arrêt de renvoi et de l'acte d'accusation, le prévenu est transféré dans la maison de justice, et la procédure est remise au greffe. C'est alors que les opérations les plus sérieuses commencent.

J'observerai que, lorsque la cour royale évoque une affaire, c'est la chambre d'accusation qui est chargée de l'instruction.

DES PREMIERS PRÉSIDENS.

Le premier président est chargé d'instruire contre les juges ou autres fonctionnaires inculpés de quelque crime ou délit, et dont le gouvernement a autorisé les poursuites. Il commet, pour remplir ses fonctions, le juge d'instruction voisin du lieu où le crime a été commis ; mais lui seul doit délivrer les mandats d'amener ou d'arrêt que les développemens de la procédure exigent.

Lorsque le ministre de la justice ne nomme pas le conseiller qui doit présider la cour d'assises, cas du reste fort rare, cette nomination appartient au premier président, qui a seul le droit de fixer l'époque de l'ouverture des assises, tant ordinaires qu'extraordinaires. Il nomme aussi les conseillers qui doivent assister le président dans le chef-lieu de la cour royale, ainsi que les remplaçans de ceux qui sont légitimement empêchés.

Après le tirage au sort des trente-six jurés ordinaires et des quatre jurés supplémentaires, qui a lieu en audience publique de la première chambre civile, sur les listes envoyées à la cour, au commencement de l'année, par le préfet du département, il faut mettre beaucoup d'empressement à la rédaction du procès-verbal, pour qu'il soit promptement transmis au préfet, chargé par la loi d'en faire faire la notification à chaque juré le plutôt possible. Cela peut éviter qu'un citoyen, qui aura appris que le sort l'a désigné pour être juré, cherche, avant la notification qui lui est faite, quelque prétexte pour motiver son absence. Il est encore des cas où un juré a besoin de quelques jours pour mettre ordre à certaines affaires, avant de se rendre au poste honorable où il est appelé.

DU PRÉSIDENT DE LA COUR D'ASSISES.

Aussitôt que la procédure a été remise au greffe par le ministère public, avis doit en être donné au président, qui, après l'avoir examinée, procède à l'interrogatoire de l'accusé. Dans cet interrogatoire, le défenseur choisi par l'accusé, ou celui que le président nomme d'office lorsqu'il déclare ne pas en avoir, doit être clairement dénommé. Il faut aussi avertir l'accusé, et faire consigner dans le procès-verbal, qu'il a cinq jours pour se pourvoir contre l'arrêt de renvoi devant la cour d'assises. Ces deux mesures sont de rigueur, à peine de nullité de la procédure.

Le président peut déléguer un juge pour procéder aux interrogatoires des accusés.

Dès ce moment, l'accusé peut communiquer avec les personnes qu'il désire, et notamment avec celles qui doivent l'aider dans sa défense. En conséquence, il lui est remis la copie des pièces de la procédure, que la loi ordonne de lui délivrer *gratis*. Il a le droit de demander l'expédition de celles qu'il juge lui être utiles, mais c'est à ses frais.

Le ministère public ayant *seul* le droit de désigner les procédures qu'il veut soumettre aux débats, c'est aussi au président *seul*, quand il a reçu la liste des causes à juger, à fixer le jour du jugement. Quelques personnes ont pensé le contraire ; mais à qui la loi ordonne-t-elle de fixer le jour des débats pour le jugement des affaires politiques ? N'est-ce pas au président ? Par conséquent le législateur veut que le président règle le tableau des causes à juger pendant la tenue des assises.

Il faut remettre ce tableau, ou bien une copie, au concierge de la maison de justice, ainsi que les changemens qui pourraient y survenir, afin que les accusés puissent prendre tous les moyens qu'ils croient utiles à leur défense.

Dans toutes les affaires concernant les délits politiques, le président rend une ordonnance qui fixe le jour et l'heure où la cause doit être soumise aux débats, et désigne l'huissier pour la notification. Cette ordonnance doit être rendue et signifiée dix jours avant l'appel de la cause.

Le président rend aussi d'autres ordonnances, quand il croit que l'apport de certains objets est nécessaire dans quelque procédure, ou pour des vérifications.

Sur les réquisitions du ministère public, le président délivre des saufs-conduits pour les témoins qui sont sous les liens de la contrainte par corps.

Le président peut aussi ordonner d'office, ou sur les réquisitions du ministère public, la jonction de divers actes d'accusation.

Le jour de l'ouverture des séances de la cour d'assises, le président fait l'appel des jurés. Il a dû être déjà nanti, sinon le ministère public, des motifs d'absence qui sont présentés.

Alors la cour, après avoir entendu le procureur général ou son substitut, statue par un arrêt, en audience publique, sur les excuses proposées au nom des citoyens qui demandent à être dispensés de remplir les fonctions de juré pendant le cours de cette session, ou à être rayés définitivement de la liste générale.

Cette opération terminée, le président s'assure s'il y a au moins trente jurés ordinaires non excusés, nombre nécessaire pour former la liste, et procéder au tirage au sort. Dans le cas où il y en aurait moins, le nombre de trente est complété par les jurés-suppléans, par rang d'inscription. S'il arrive que l'on ne puisse point les réunir au nombre de trente, alors on procède publiquement au tirage au sort des citoyens dont les noms sont déposés dans une urne particulière, et qui ont été également adressés à la cour par le préfet du département.

Il est encore nécessaire que le président, pour éviter tout malentendu, prévienne les jurés-supplémentaires qui ne font pas partie de la liste des trente, qu'ils doivent se présenter tous les jours, et pour chaque affaire à juger, pour répondre à l'appel qui sera fait de leurs noms, sous les peines de droit.

Quand le nombre voulu par la loi est arrêté définitivement, le président fait comparaître l'accusé ainsi que son conseil, ordonne l'appel des jurés, qui a lieu en leur présence et celle du ministère public, et les prévient du nombre de récusations que la loi leur permet. Si le compte est impair, il avertit l'accusé et son conseil qu'ils ont le droit d'en récuser un de plus que le ministère public. S'il y a plusieurs accusés, le président leur annonce qu'ils doivent se concerter pour faire leurs récusations, parce que, dans le cas où ils ne seraient pas d'accord, le sort règlerait le rang dans lequel chacun d'eux exercerait ce droit. De suite il est procédé, à huis-clos, au tirage au sort des douze jurés qui doivent connaître de la cause, et qui se placent, à mesure que leurs noms sortent de l'urne, sur les siéges à eux destinés.

Aussitôt que le jour du jugement d'une affaire est arrivé, on doit s'assurer, avant le tirage au sort des jurés, si quelqu'un d'eux n'est pas légitimement empêché, pour avoir concouru à quelque acte du procès, ou comme témoin dans l'affaire, ou pour tout autre motif imprévu. Alors on ôte son nom de l'urne, et on le remplace aux formes de droit, si le tableau est réduit au nombre de trente seulement ; s'il est supérieur, il n'y a pas lieu à remplacement.

Les juges d'instruction, ainsi que tous autres magistrats, qui auraient fait ou requis quelque acte du procès, ou qui y auraient coopéré, ne peuvent faire partie de la cour d'assises.

Si les débats d'une affaire paraissent exiger plusieurs séances, la cour peut ordonner, toujours publiquement, qu'il sera procédé, sur le nombre des noms restés dans l'urne, au tirage au sort d'un ou de deux jurés-suppléans, qui se placeront après les douze jurés, assisteront à tous les débats ; mais ils ne pourront prendre part à la délibération que lorsque quelqu'un de ces derniers sera forcé de quitter ses fonctions pour quelque cause légitime. On doit prévenir l'accusé et son conseil, s'ils n'ont point épuisé leur droit de récusation, qu'ils peuvent continuer de l'exercer lors du tirage au sort des jurés-suppléans.

Le président ordonne ensuite qu'on ouvre les portes au public, et annonce que la séance est ouverte. Il demande à l'accusé ses nom, prénoms, âge, profession, domicile, et le lieu de sa naissance ; il fait au défenseur l'avertissement prescrit par la loi, exige le serment individuel de chaque juré, prévient l'accusé d'être attentif à ce qu'il va entendre, et ordonne au greffier de lire l'arrêt de renvoi et l'acte d'accusation. Après cette lecture, le président rappelle à l'accusé ce qui est contenu dans l'acte d'accusation, et lui dit : « Voilà de quoi vous » êtes accusé, vous allez entendre les » charges qui seront produites contre » vous. »

Lorsque le procureur général, ou son substitut, a exposé le sujet de l'accusation, et remis la liste des témoins qu'il a fait citer, le président en fait faire l'appel, ainsi que de ceux à décharge. Si quelqu'un d'eux manque, la cour, sur les réquisitions du procureur général, et l'accusé, ou son défenseur, entendu, statue sur les motifs de l'absence des témoins. Si sa présence paraît d'une utilité absolue pour la manifestation de la vérité, la cour ordonne le renvoi de la cause aux prochaines assises, ou, si cela est possible, à la fin des affaires à juger. Dans le cas contraire, le président ordonne que les témoins se retirent dans les chambres à eux destinées, pour n'en sortir que pour venir déposer. C'est à quoi les huissiers doivent veiller avec le plus grand soin.

Tous ces préalables remplis, si le procureur général, ou son substitut, croit que les débats de cette cause ne doivent avoir lieu qu'à huis-clos, il le requiert; et la cour, après avoir entendu l'accusé ou son conseil, statue par un arrêt qui, dans le cas de l'affirmative, doit contenir l'article de la charte qui l'autorise, avec les motifs. Le président fait alors évacuer la salle, et l'on procède aux débats, dans lesquels il faut que l'accusé soit entendu le dernier. Quand ils sont terminés, le président l'annonce, et ordonne que le public soit admis. Aussitôt il fait le résumé de l'affaire.

Si, pendant le cours des débats à

huis-clos, la cour est obligée de rendre un arrêt sur quelque incident, le président doit toujours le prononcer en audience publique, et faire de nouveau évacuer la salle, pour continuer les débats à huis-clos.

Dans tous les autres cas, les débats s'ouvrent par la déclaration du premier témoin, et successivement. Aussitôt que le témoin est placé sur le siége qui lui est destiné, le président lui fait prêter serment, et lui adresse toutes les interpellations voulues par la loi. Pendant les dépositions des témoins, ou à suite de ces dépositions, il est souvent nécessaire que les pièces de conviction leur soient représentées. Alors on les fait voir à l'accusé pour reconnaître l'intégrité du scellé, que le président fait rompre de suite, en demandant aux témoins et à l'accusé toutes les explications qu'il juge nécessaires pour obtenir la vérité.

S'il est indispensable de nommer des interprètes, le président les nomme d'office, et se conforme aux dispositions des art. 332 et 333 du code d'instruction criminelle. Ces dispositions doivent être observées littéralement.

Pendant le cours des débats, il peut s'élever plusieurs incidens, tels que ceux-ci : le défenseur, fondé ou non, peut conclure à ce qu'un témoin ne soit pas entendu ; qu'une pièce du procès ne soit pas lue, ou en réclamer la lecture ; que les pièces de conviction soient soumises à de nouveaux experts, ou demander acte, dans l'intérêt de son client, de quelque incident qui viendra d'avoir lieu. Le ministère public jouit des mêmes prérogatives. C'est à la cour à y statuer par un arrêt toujours motivé, l'autre partie préalablement entendue. Le président seul ne peut prononcer sur les incidens, à peine de nullité.

Si la déclaration d'un témoin paraît fausse, le président en fait prendre acte par le greffier. Il a seul le droit d'ordonner son arrestation; il commet un membre de la cour pour instruire contre ce témoin, ou instruit lui-même. Le ministère public et l'accusé ont le droit de demander l'arrestation d'un témoin. Le président seul acquiesce ou refuse, la cour ne peut s'en occuper, et se déclare incompétente, dans le cas où cette demande lui est faite directement. Si le défenseur réclame la parole pour donner des explications à suite de l'arrestation d'un témoin, le président doit la lui accorder.

Le président a seul le droit d'ordonner, en vertu du pouvoir discrétionnaire dont il est investi par la loi, la lecture de toute espèce de pièce du procès ou extra-judiciaire; d'appeler des personnes non citées, qu'il fait entendre sans prestation de serment. Il peut faire retirer de l'auditoire un témoin déja entendu, avant de recevoir la déclaration de celui qui va être introduit pour déposer.

Quand plusieurs accusés comparaissent aux débats, le président peut faire retirer de l'auditoire celui ou ceux qu'il juge nécessaires, soit pendant la déclaration de quelque témoin, soit pour adresser des interpellations à un autre accusé. Mais il doit, aussitôt qu'il a fait rentrer les accusés, leur rapporter textuellement tout ce qui a été dit ou fait pendant leur absence de l'auditoire. En un mot, le président, seul chargé de la police de l'audience et de la direction des débats, peut ordonner et prendre toutes les mesures que les circonstances lui suggérent pour parvenir à la manifestation de la vérité.

Après les déclarations des témoins, le procureur général, ou son substitut, développe les moyens qu'il juge utiles pour appuyer son accusation. Le défenseur de l'accusé lui répond. Ils peuvent répliquer pour fortifier leurs argumens. Mais le président doit, sans néanmoins gêner le droit sacré de la défense, empêcher qu'on ne s'écarte des faits, et s'opposer à tout ce qu'on pourrait dire d'étranger à la cause.

Quand les plaidoiries respectives sont terminées, le président demande aux jurés, au ministère public, au défenseur et à l'accusé, s'ils ont quelque éclaircissement à prendre, ou quelque demande à former. Il faut que l'accusé ait la parole le dernier.

Après s'être assuré que personne ne réclame la parole, le président déclare que les débats sont terminés, et nul n'a le droit de les rouvrir. Alors il doit résumer l'affaire avec une telle impartialité, qu'il soit presque impossible de connaître son opinion sur le sort de l'accusé. Je crois qu'il doit plutôt s'attacher à rappeler les faits qui sont résultés des débats, pour ou contre l'accusé, que de suivre pas à pas ce qui a été dit dans les plaidoiries, sans cependant négliger ce qui a pu paraître avantageux à l'accusé.

Le président développe ensuite aux jurés les fonctions qu'ils ont à remplir, sans en omettre aucune, fonctions consignées dans les articles 341, 342, 343 et 347 du code d'instruction criminelle. Il leur remet les questions résultant de l'acte d'accusation et des débats, en y joignant celle de discernement, si l'accusé a moins de seize ans, et, s'il y a lieu, celle d'excuse. Si, après la lecture des questions faite par le président, le ministère public ou les défenseurs s'opposent à la position d'une question, ou à sa rédaction, ou réclament qu'une question quelconque soit soumise aux jurés, la cour y statue par un arrêt motivé. Toutes les pièces du procès, à l'exception des déclarations écrites des témoins, sont également remises aux jurés. Dans le cas où les procès-verbaux contiendraient des déclarations des témoins, il faut cartonner cette partie du procès-verbal, avant de le remettre aux jurés. Ensuite le président fait retirer l'accusé de l'auditoire, et déclare que l'audience est suspendue.

Aussitôt que les jurés ont fait prévenir qu'ils ont terminé leur délibération, la cour reprend la séance publique ; les jurés se rendent à leurs places, et leur chef, ou celui désigné par eux, fait part, sur la demande du président, de leur réponse aux questions, sans jamais énoncer le nombre de voix qui y ont concouru. Si leur déclaration paraît équivoque, ou n'est pas suffisante pour la solution de la question, ou l'a outrepassée, ou si, enfin, elle présente quelqu'autre difficulté, on fait rentrer, par arrêt de la cour, les jurés dans leur chambre, pour que leur réponse soit positive sur la question. Cela fait, le chef du jury signe cette déclaration en présence des jurés, la remet au président, qui la signe, et la fait signer par le greffier.

Le président fait alors comparaître l'accusé, et ordonne au greffier de lire la déclaration du jury. Après cette lecture, le président seul, dans le cas où la réponse est négative sur la question, prononce que l'accusé est acquitté, et ordonne qu'il soit mis sur-le-champ en liberté, à moins qu'il ne soit détenu pour autre cause. Cette ordonnance est mise de suite à exécution, si rien ne s'y oppose.

Si l'accusé a été auparavant condamné par contumace, le ministère public requiert sa condamnation aux frais occasionnés par sa contumace; et la cour, après avoir entendu l'accusé, prononce l'arrêt.

Si la réponse du jury est affirmative

sur la question qui lui a été soumise, le ministère public requiert l'application de la peine portée par la loi. Le président demande alors à l'accusé s'il a quelque chose à ajouter à sa défense, et ce qu'il a à dire sur l'application de la peine requise contre lui. Après sa réponse, la cour se rend dans la chambre du conseil; et, quand elle a terminé sa délibération, elle reprend la séance publique ; le président prononce alors l'arrêt de condamnation, précédé de la lecture des articles des lois applicables à l'espèce. Ensuite il prévient le condamné que la loi lui accorde trois jours francs pour se pourvoir à la cour de cassation contre l'arrêt qui vient d'être rendu contre lui ; que, ce délai expiré, il ne serait plus recevable, et que l'arrêt serait mis à exécution. Le président ordonne de suite que l'accusé soit conduit dans les prisons.

Lorsqu'il y a plusieurs accusés, si les réponses du jury sont affirmatives sur quelqu'un d'eux, et négatives sur quelque autre, le président fait comparaître ce dernier, ordonne la lecture de la réponse du jury le concernant, et prononce son acquittement. Il fait ensuite comparaître l'autre accusé, et il est procédé à son égard comme il est ci-dessus énoncé.

La cour ordonne aussi que les pièces de conviction reconnues volées soient restituées au propriétaire, moyennant décharge valable, et après que l'affaire est définitivement terminée.

Quand il y a partie civile pendant l'instruction de la procédure (ce qui est assez rare), elle doit consigner la somme nécessaire pour les frais à exposer, et alors elle est assimilée au ministère public ; elle peut même coopérer à la rédaction de l'acte d'accusation. Lors des débats, elle jouit des mêmes prérogatives que le procureur général, prend la parole, et conclut avant ce dernier.

Si une personne ne se présente qu'à l'ouverture ou pendant les débats pour se porter partie civile, elle en fait la demande à la cour, qui, après avoir entendu le ministère public et l'accusé, rend un arrêt pour la recevoir partie intervenante dans l'instance. Si elle succombe, elle est condamnée à tous les frais, et peut même l'être à des dommages envers l'accusé. Si au contraire elle n'a pas succombé, les sommes par elle consignées lui sont restituées

Lors de la demande en dommages formée par la partie civile, et qui peut avoir lieu malgré l'acquittement de l'accusé, la cour peut prononcer de suite, ou renvoyer à un autre jour, pour obtenir des renseignemens.

Il peut s'élever encore, en audience publique des tribunaux ou cours, un incident à juger à suite de l'affaire et immédiatement après ; c'est lorsque quelque délit est commis dans l'auditoire pendant l'audience. Les formalités sont peu compliquées : l'accusé et les témoins sont entendus, les moyens de défense sont présentés, et la cour ou les tribunaux statuent de suite, après avoir entendu le ministère public dans ses réquisitions, et l'accusé dans ses conclusions, assisté d'un conseil nommé d'office.

Le président est en outre tenu de visiter, au moins une fois pendant le trimestre, les personnes détenues dans la maison de justice, et de recevoir les réclamations qui pourraient lui être faites.

DU MINISTÈRE PUBLIC.

Des développemens sur la nature des fonctions du ministère public sortent des bornes de cet ouvrage.

J'observerai seulement que le ministère public est chargé de prendre les intérêts de la société; que c'est sur lui que reposent, en partie, la tranquillité publique et la sécurité des citoyens ; que c'est lui qui reçoit les plaintes, dresse des procès-verbaux pour constater les crimes et délits, en requiert les poursuites, surveille tous les actes des procédures, se pourvoit contre ceux qu'il juge irréguliers, prend la parole, et fait des réquisitions dans toutes les audiences publiques. Les décisions ne peuvent être prononcées qu'en sa présence ; à lui appartient leur exécution. Rien ne peut avoir lieu, en matière criminelle, sans sa participation. En un mot, il est l'âme toujours agissante pour l'intérêt de tous.

DES GREFFIERS.

La nature de leurs fonctions varie suivant les personnes auprès desquelles ils les remplissent. Devant les maires et adjoints, en conseils municipaux, on les appelle secrétaires de la commune. On les choisit ordinairement parmi les instituteurs du lieu ou des environs. Leurs fonctions se réduisent, en matière criminelle, à écrire les procès-verbaux qui constatent les crimes et délits. Il faut qu'ils prennent la précaution d'écrire le plus lisiblement et le plus correctement possible ; qu'ils mettent des numéros à chaque page des pièces qu'ils ont écrites ; ils les signent avec le rédacteur au bas de chaque page.

Les fonctions de greffier du juge de paix, en pareille matière, sont, à peu de chose près, les mêmes que celles ci-dessus.

Devant le juge d'instruction, elles acquièrent beaucoup plus d'importance. Le juge ne peut opérer sans l'assistance du greffier, qui, à la rigueur, n'est censé écrire que sous la dictée du juge. Mais que d'actes rédigés par lui, et qui sont signés de confiance, surtout s'il jouit de cette considération que son mérite et sa capacité lui ont acquise ! D'ailleurs, il est certains actes, comme les procès-verbaux de dépôt et autres, que la loi le charge de rédiger, et auxquels il faut qu'il apporte le plus grand soin.

Si, lors des interrogatoires ou des déclarations des témoins, le juge dictait par erreur toute autre chose que la vérité, le greffier devrait refuser d'écrire, et faire ses observations au juge, qui ne manquerait pas de rectifier son erreur. Le greffier ne doit écrire que ce qu'il a entendu de la déposition du témoin, et qui doit lui être dicté par le juge.

Il est encore de son devoir de faire observer au magistrat l'oubli de quelque fait important, qui aurait été dit par le témoin ou l'accusé; car il arrive très-souvent, lors de la déclaration orale d'un témoin à l'audience, que celui-ci nie ou affirme certains faits qui sont ou ne sont point consignés dans la déclaration écrite. Il est donc essentiel de prendre des précautions pour éviter la moindre incertitude à cet égard.

Le greffier ne doit pas négliger d'insérer dans les actes que la loi le charge de rédiger, ou qui lui sont dictés, toutes les formules que lui prescrit le code, pour éviter les condamnations à l'amende.

Dans le cahier des déclarations des témoins, il faut qu'il ait le soin de paginer, de numéroter chaque témoin ; de mettre le nom de celui-ci en marge, de signer et de faire signer le juge au bas de chaque page, et aux additions et ratures qui auraient été faites. Le témoin n'a besoin de signer que la fin de sa déclaration, et les additions et ratures.

Quoiqu'au premier aperçu les fonctions de greffier paraissent peu de chose, néanmoins, si on veut les considérer sous leur véritable point de vue, on acquiert la conviction qu'elles sont très-essentielles. En effet, c'est lui qui est le dépositaire des procédures, qui cote les pièces, les met en ordre et en dresse l'inventaire. C'est lui qu'on établit gardien des pièces de conviction, qui sont souvent très-précieuses, et dont on le rend responsable. C'est à lui qu'on s'adresse, si l'on a des renseignemens à demander en matière criminelle, renseignemens qu'il peut aisément donner, s'il a mis de l'ordre dans son greffe, ainsi que son devoir et son intérêt le lui commandent.

Il faut que le greffier s'identifie, si l'on peut s'exprimer ainsi, avec ses fonctions; car le législateur en a fait un homme absolument nécessaire. Un magistrat, un tribunal ou une cour, ne sauraient exercer leurs fonctions sans l'assistance d'un greffier. Aussi le juge qui sait l'apprécier lui rend-il justice, surtout quand il montre ce zèle et cet empressement nécessaires pour bien remplir ses devoirs, et qu'il ne perd jamais de vue ses droits, qu'il avilirait en obéissant à des ordres étrangers à ses fonctions.

Toutes les fois qu'une procédure, ou quelque pièce, lui est réclamée par le ministère public, ou tout autre fonctionnaire, qu'il en exige un reçu sur un registre *ad hoc;* c'est le moyen de pouvoir en rendre compte sur-le-champ, et de mettre sa responsabilité à couvert.

Un greffier ne saurait trop se tenir sur ses gardes, la malveillance peut sans cesse le compromettre par l'enlèvement d'un pièce essentielle, s'il ne tient pas les procédures, ou autres objets qui lui sont confiés, dans un lieu inaccessible à de prétendus curieux, et même à de certains hommes d'affaires, en très-petit nombre à la vérité, qui, dans l'intérêt de leurs cliens, ont la bassesse, si la corruption à l'égard du greffier est impossible, d'employer d'autres moyens pour tromper ce dernier, surtout s'il est peu soigneux ou trop confiant.

Quand la chambre du conseil a prononcé le renvoi d'une affaire devant la cour royale, et que l'ordonnance de prise de corps est signée, le greffier dresse l'état des frais, celui des pièces de conviction, met en règle la procédure, et la remet de suite au ministère public. Il doit également faire parvenir au greffe de la cour royale les pièces de conviction, si elles lui sont réclamées; il les transmet au greffe de la cour d'assises, lorsqu'il est instruit que la chambre d'accusation a prononcé le renvoi de l'accusé devant cette dernière cour.

Là se terminent les fonctions du greffier du juge d'instruction.

Cependant je ne saurais passer sous silence les fonctions du greffier à l'audience des tribunaux de police judiciaire et de police correctionnelle. La loi le charge de tenir note sommaire des déclarations orales des témoins et des réponses des accusés. Le président les dicte ordinairement au greffier; mais je crois que l'amour-propre de ce dernier, si ce n'est son devoir, exige qu'il prenne lui-même ces notes, sauf à en donner de suite lecture à la fin de chaque déclaration. Il doit prendre aussi note du prononcé du jugement, des articles de lois qui auront été lus, et qui s'appliqueront à l'espèce. La rédaction des jugemens concerne le président, et c'est à tort qu'on les a eu fait rédiger par les greffiers, parce que ceux-ci ne peuvent connaître les motifs de la décision rendue. Aussi doivent-ils exiger du président le dispositif et le prononcé du jugement, ainsi que le texte de la loi qui doit y être inséré. Les formalités sont à-peu-près les mêmes devant les tribunaux ou cours d'appel.

Aussitôt qu'une procédure est soumise à la chambre d'accusation, le greffier qui assiste au rapport se retire, ainsi que le ministère public, lorsque les magistrats vont délibérer. Ils rentrent après, et le greffier prend note de la décision rendue.

Si la chambre d'accusation ordonne de nouvelles informations, le greffier écrit tous les actes que le magistrat nommé doit faire, et qui sont assimilés à ceux du juge d'instruction. Aussi le greffier opère comme celui de première instance, et prend les mêmes précautions. La rédaction des arrêts lui est confiée, à quelques exceptions près, parce que les motifs, en général, ne demandent pas un grand développement. Quand la minute de l'arrêt, ou son expédition, est en règle, le greffier, qui a dû réunir toutes les pièces, et continuer l'inventaire, remet le tout, moyennant récépissé, au ministère public.

Lorsque la procédure est envoyée au greffe de la cour d'assises, le greffier doit s'assurer si elle renferme toutes les pièces portées dans l'inventaire, fournir son reçu, l'enregistrer à sa date, la vérifier, quoique cela ne le regarde pas, pour examiner si tout ce qu'exige la loi a été fait, et la transmettre au magistrat qui doit présider. Il fait réclamer les pièces de conviction, si elles ne sont pas parvenues au greffe, et s'occupe de faciliter les opérations qui précèdent l'ouverture des assises.

Quand ce jour est arrivé, le greffier prépare les urnes destinées au tirage au sort des jurés, et assiste le président dans tout ce qui concerne ces derniers. Il écrit, ou, pour mieux dire, il rédige les arrêts rendus relativement à l'absence de quelque juré, ainsi que les procès-verbaux du tirage au sort. Dans ce dernier cas, il doit bien faire attention au nom des jurés récusés, et par qui ils le sont, pour l'insérer dans le procès-verbal, principalement dans les affaires majeures. Aussitôt il dépose sur le bureau les pièces de conviction. Quand l'audience est ouverte, il donne lecture, sur l'ordre du président, de certaines pièces de la procédure, et fait l'appel des témoins. Il doit prendre note des noms de tous les témoins qui sont entendus, parce qu'il peut s'élever quelque incident à leur sujet.

Dans le procès-verbal des débats, dont la rédaction lui est ordonnée par la loi, et qu'il doit écrire *manu propriâ*, il faut relater tout ce qui se passe à l'audience, consigner toutes les formalités qui auront eu lieu, et non celles qui auraient été oubliées; car la loi fait un devoir au greffier de mettre la plus grande exactitude dans cette rédaction, qui doit être le miroir fidèle de tout ce qui s'est passé. Tous les incidens, réquisitions, conclusions, décisions, doivent y être insérés. Les réquisitions du ministère public doivent être signées par ce dernier dans le procès-verbal, et le président signe avec le greffier toutes les décisions rendues par la cour, ainsi que les additions et ratures qui se trouveraient à la marge, ayant soin de ne mettre jamais d'interligne dans le corps de l'écriture.

Le greffier prend, avec la plus grande exactitude, le prononcé de l'arrêt, et les articles de lois qui sont lus par le président, parce qu'ils doivent être insérés dans l'arrêt, qu'il rédige le plus souvent, et qu'il fait signer par tous les juges qui l'ont rendu.

Quand un condamné veut se pourvoir à la cour de cassation, le greffier se rend dans la maison de justice, reçoit le pourvoi, en donne acte, et s'empresse de faire procéder à l'expédition de cette pièce, et des arrêts qui y sont relatifs. Si on lui remet une requête à l'appui du pourvoi, il en fournit un reçu, et remet la procédure au ministère public, qui la transmet à qui de droit.

Lorsqu'un partie civile, ou un condamné à une simple peine correctionnelle, veut se pourvoir à la cour de cassation, il faut qu'il remette au greffier la somme nécessaire pour l'enregistrement du pourvoi, ainsi que le reçu de la consignation de l'amende, qui est de cent cinquante francs, indépendamment de la subvention. Dans le cas où un individu, condamné à un emprisonnement quelconque, n'est pas détenu, il doit se constituer prisonnier, pour joindre au dossier le certificat d'écrou, ou un certificat qui justifie qu'il a été mis en liberté sous caution. Il y a déchéance, si l'on néglige toutes ces mesures. Cependant un certificat d'indigence remplace la consignation de l'amende.

Dès que le pourvoi est rejeté, et que la procédure est revenue, elle est remise au greffier, ainsi que l'expédition de l'arrêt de la cour de cassation. Si la condamnation porte l'exposition ou une peine plus forte, le greffier, qu'on a dû prévenir de l'heure de l'exécution, se rend dans le local qui lui a été désigné par l'autorité administrative, où il dresse un procès-verbal de l'exécution, et dont il fait la transcription au bas de l'arrêt de condamnation.

A la fin de chaque trimestre, le

greffier remet au procureur général des extraits des arrêts portant condamnation à des peines afflictives ou infamantes, qui ont été rendus par la cour d'assises, pour être imprimés et affichés. Le greffier est en outre chargé d'adresser aux ministres de la justice et de l'intérieur une copie du registre qu'il est obligé de tenir en vertu de l'article 600 du code d'instruction criminelle.

DES JURÉS.

Les citoyens désignés par le sort pour prononcer sur l'honneur, la liberté, ou la vie des accusés, doivent bien se pénétrer des fonctions qu'ils ont à remplir. Pendant qu'ils seront sur leurs siéges, qu'aucun signe de leur part ne puisse faire connaître leur opinion. S'ils le jugent nécessaire, ils prennent des notes pendant le cours des débats, et adressent directement des questions, soit aux témoins, soit à l'accusé, pour aider à former leur conviction. Mais qu'ils s'abstiennent de toute réflexion, et ne tirent aucune conséquence des réponses qui leur seraient faites; qu'ils les gardent pour eux, et n'en fassent part qu'à leurs collègues, lors de leur délibération.

Quand ils sont dans leur salle pour délibérer, si le président du jury, qui est celui dont le nom est le premier sorti de l'urne, a quelque motif légitime pour ne pas présider, les jurés désignent, d'après son consentement, l'un d'entre eux pour le remplacer. Les instructions relatives à ses fonctions sont placées sous les yeux des jurés, dans la salle de leur délibération ; l'on ne doit jamais s'en écarter.

Que nulle considération de rang, de fortune, d'âge, de sexe, d'opinion politique ou religieuse, n'influe sur leur décision ; qu'ils ne consultent que leur conscience, dont ils ne doivent compte qu'au ciel, d'après les faits qui viennent de se passer sous leurs yeux ; et que surtout ils n'aient aucun égard à la peine encourue. En agissant différemment, ils exposent la cour à rendre des arrêts dont ils sont les premiers à se repentir.

Quand la culpabilité d'un accusé est acquise par huit jurés au moins, ils doivent l'exprimer par ces mots : *A la majorité de plus de sept voix, oui, l'accusé est coupable, etc.* Il en est de même pour les circonstances aggravantes. Il leur est en outre enjoint d'examiner s'il existe en faveur de l'accusé des circonstances atténuantes. S'ils sont huit au moins pour l'affirmative, ils le consignent, après leur réponse aux questions, en ces termes : *A la majorité de plus de sept voix, il y a des circonstances atténuantes en faveur de l'accusé.* Si leur réponse est négative sur la culpabilité, il suffit de dire : *Non, l'accusé n'est pas coupable,* sans faire mention du nombre de voix.

Si quelque difficulté se présente aux yeux des jurés, relativement à leurs opérations dans la salle des délibérations, ils peuvent faire appeler le président de la cour, qui s'empresse de se rendre auprès d'eux pour la résoudre.

Lorsqu'une cause exige plusieurs séances, les jurés reviennent chez eux. Alors les personnes qui s'intéressent à l'accusé ne manquent pas d'aller les obséder. Mais le citoyen consciencieux repousse toutes les sollicitations, et n'écoute que le serment qu'il a prononcé avant l'ouverture des débats.

DES AVOCATS OU DÉFENSEURS.

Aussitôt qu'un jeune avocat a prêté serment, il ne craint pas, entraîné par l'effervescence de l'âge, de se présenter pour défendre un accusé. Ah! combien l'imprudent ignore les difficultés de la tâche qu'il va remplir. Le zèle et le talent ne sont pas toujours habiles à sauver l'honneur, la liberté, la vie d'un citoyen. Les incidens imprévus viennent souvent changer la physionomie d'une affaire, et font naître des obstacles qu'il n'est donné qu'à l'expérience de surmonter.

Elle seule possède aussi le discernement nécessaire pour bien diriger les intérêts d'un client. Jeunes avocats, étudiez les débats, livrez-vous à de mûres réflexions, et, lorsque vous aurez acquis des forces convenables, chargez-vous d'un fardeau qu'il est sage de juger au-dessus de son poids.

Voici, autant que j'ai pu m'en convaincre, la marche que des avocats consommés dans la partie criminelle suivent ordinairement.

Ils ne donnent jamais le conseil à un accusé contumax de se constituer prisonnier, la cause parût-elle aisée à défendre ; car le jugement des hommes est incertain, et les débats d'ailleurs, changeant souvent de face, offrent des charges auxquelles on n'avait pas lieu de s'attendre.

Après avoir eu quelques conférences dans les prisons avec leurs cliens, et les avoir tranquillisés sur leur sort à venir, au lieu de les effrayer par l'appareil du châtiment qu'ils paraissent avoir mérité, les défenseurs examinent attentivement toutes les pièces de la procédure, pour s'assurer de leur contenu ; ils vérifient si elles ont été faites conformément à la loi ; si quelqu'une d'elles ne contient pas des moyens de nullité, ou qui en détruise l'effet. Ils prennent des renseignemens par tous les moyens possibles sur la moralité des témoins qui doivent être entendus ; ils se transportent même sur le lieu du crime, si cela est nécessaire, pour y obtenir quelque éclaircissement qui soit utile à leurs cliens. Leur défense ainsi préparée, ils indiquent à l'accusé la contenance qu'il doit tenir lors des débats, et la manière de répondre aux questions qui lui seront faites.

Le jour du jugement, le défenseur ne quitte jamais l'accusé à l'audience ; la plus légère absence peut lui faire manquer quelquefois un moyen péremptoire. Il fait la plus grande attention à chaque déclaration de témoin ; il en prend note exacte ; il s'abstient de toute interpellation aux témoins, à moins que cela ne soit d'une absolue nécessité pour la défense ; car on doit être assuré que le témoin est toujours sur la réserve ; que ce n'est que sur les interpellations qui lui sont faites, et lorsqu'il est poussé à bout par le défenseur ou l'accusé, qu'il développe sa déclaration, et fait connaître des circonstances souvent très-préjudiciables.

Quand le défenseur croit qu'une

nullité vient d'être commise pendant le cours des débats, il n'en demande acte, pour être insérée au procès-verbal, qu'après sa consommation. Il prend note des principaux argumens que le ministère public a fait valoir pour étayer son accusation, afin de pouvoir successivement, sinon les détruire, du moins les combattre le plus avantageusement possible. En prenant la parole, le défenseur, identifié avec l'accusé, paraît convaincu de son innocence. Après son exorde, il présente le fait de la cause avec beaucoup d'adresse, sans néanmoins le dénaturer. Il évite de vaines phrases, sachant bien que leur effet n'est que passager, et qu'elles peuvent devenir nuisibles. Ensuite il s'occupe des procès-verbaux qui constatent le crime, les combat par les moyens que les débats ou sa capacité lui suggèrent, et tâche d'en atténuer les circonstances. Il suit pas à pas le ministère public dans son attaque, et cherche à détruire les argumens qu'il a fait valoir, ou du moins l'impression qu'ils auraient pu produire.

Dans la discussion sur les déclarations des témoins, le défenseur use de toute sa logique, et ne se permet jamais des personnalités sur aucun d'eux, à moins qu'il ne puisse prouver sur-le-champ le fait imputé. Il repousse également toute allégation dont la fausseté peut être démontrée, cela pouvant nuire essentiellement à des faits avérés. Il présente tout ce qui paraît favorable à son client avec beaucoup de clarté, et passe légèrement sur les charges ; il est inutile de les rappeler, à moins que quelqu'une d'elles ne soit susceptible d'être discutée avec succès.

Le défenseur évite les répétitions, afin de ne pas fatiguer l'attention des jurés. Si la moralité de l'accusé est sans reproche jusqu'au moment du crime, il s'en empare pour la justification de son client. Si elle est mauvaise, il garde le silence, ou n'en parle qu'avec la plus grande circonspection.

Quant aux circonstances du crime, il les débat généralement avant le fait principal, quoique le ministère public n'en ait fait mention qu'à la fin de son réquisitoire, parce qne les jurés, ou quelqu'un d'eux, peuvent penser que ce n'est qu'en désespoir de cause que l'on cherche à atténuer la culpabilité de l'accusé. L'avocat rappelle seulement, à la fin du plaidoyer, que la discussion sur les circonstances a déjà eu lieu ; si l'accusation est par trop évidente, l'avocat avoue franchement le fait, et provoque du jury une décision qui déclare l'existence de circonstances atténuantes.

Le défenseur s'exprime avec beaucoup de modération et lentement, persuadé que les emportemens et la vivacité du débit présentent de graves inconvéniens.

J'ajouterai les réflexions suivantes :

Des avocats favorisés par la nature improvisent leurs plaidoiries avec un talent au-dessus de tout éloge. Beaucoup d'autres qui ne leur ressemblent pas croient malheureusement pouvoir les imiter. Il en résulte qu'ils tombent dans de nombreuses répétitions ; que leurs raisonnemens n'ont pas de suite, et qu'ils paralysent ainsi l'effet que peuvent produire de bonnes raisons. On conçoit facilement que le client n'a rien à gagner à cela.

Pour éviter cet inconvénient, que le défenseur écrive à mi-marge son plaidoyer, d'après les renseignemens qu'il aura recueillis ; qu'il le lise très-attentivement. Pendant les débats, il mettra en marge les observations qu'il n'avait pu prévoir, provenant des déclarations des témoins, qui offrent presque toujours des variations, ainsi que des argumens du ministère public. Ce sera le moyen de plaider avec beaucoup de calme, et de ne rien omettre de ce qui peut être utile à la défense.

Il est des causes où le ministère public, ayant la conviction de la non-culpabilité d'un accusé, déserte l'accusation, et déclare s'en rapporter à la sagesse du jury. Que le défenseur ne se fie pas à cet abandon du ministère public, surtout dans les affaires graves; il est de son devoir d'insister sur l'innocence de son client, à moins qu'elle n'ait été démontrée de la manière la plus évidente.

Les jurés, formant principalement leur conviction sur les déclarations des témoins, ont plus d'une fois, bien que l'accusation eût été abandonnée, déclaré l'accusé coupable. Que de reproches, en pareille circonstance, ne devait pas s'adresser l'avocat trop confiant à qui la marche du ministère public avait servi de règle!

Quand, après le résumé de la cause, le président donne lecture des questions, le défenseur ne doit point faire des observations, surtout si ces questions lui paraissent obscures ou ambigues. Il peut seulement demander que la question sur un fait d'excuse soit soumise au jury, si toutefois elle a paru résulter des débats. Il est bien rare qu'une discussion élevée par un défenseur sur les questions, ait été avantageuse à l'accusé.

Lorsque les jurés rentrent dans l'auditoire, que leur chef a fait connaître le résultat de leur délibération, et que ce résultat ne concorde pas avec les questions qui leur ont été soumises, il est ordonné qu'ils rentreront dans leur chambre pour donner une réponse plus positive. Alors le défenseur, s'il croit que la décision rendue est utile à son client, réclame la parole, conclut au maintien de la déclaration, et en demande acte à la cour, qui rend un arrêt d'après cette insistance.

Dans l'hypothèse où la réponse du jury concorde avec les questions posées, et ne présente aucune difficulté, le défenseur doit, par des considérations qu'il peut encore faire valoir sur l'application de la peine, conclure toujours au *minimum*, et quelquefois à l'absolution de son client, s'il croit que le fait déclaré constant par le jury, n'est pas défendu par la loi, ou que le crime avait prescrit.

Quand un accusé est condamné à une peine afflictive ou infamante, le défenseur ne doit pas l'abandonner. Il se rend auprès de lui afin de le consoler et de l'aider de ses conseils. S'il juge utile un pourvoi en cassation, il en prévient le greffier en temps opportun, dresse une requête à l'appui, et la remet au greffe dans les dix jours de la déclaration du pourvoi, pour être jointe aux autres pièces de la procédure. Le défenseur doit en même-temps former une demande en grâce. Cette mesure n'amène aucun inconvénient, et le condamné peut tout espérer de la clémence du souverain.

DES ACCUSÉS.

La bonne conduite des accusés dans le lieu de leur détention, est de nature à exercer sur leur avenir une heureuse influence. Qu'ils se conforment donc à ce principe, de telle sorte que les concierges n'aient à donner à leur sujet que des renseignemens favorables.

Le maintien d'un accusé devant le

magistrat ou à l'audience, doit être modeste et respectueux. L'audace non seulement indispose, mais encore fait naître une prévention toujours nuisible. Si la culpabilité d'un accusé est de toute évidence, qu'il témoigne beaucoup de repentir. On a vu de grands coupables obtenir, par une pareille conduite, et par une feinte ou sincère résignation, une réponse négative sur des circonstances bien prouvées, ce qui rendait presque nulle la condamnation. Quant à ceux qui affectent, après le prononcé de l'arrêt, une insolence révoltante, ils détruisent tout l'intérêt que pouvait inspirer leur situation.

RÉFLEXION QUANT AUX ACCUSÉS.

Quel inconvénient résulterait-il pour un accusé, s'il refusait de répondre aux questions que divers magistrats sont chargés de lui faire, et s'il déclarait qu'il renvoie ses réponses au jour du jugement?

N'aurait-il pas le double avantage de ne pas se compromettre dans les interrogatoires, de connaître auparavant les charges qui sont dirigées contre lui, et de pouvoir préparer sa défense devant les jurés?

OBSERVATIONS

Sur l'Homme et sur la Femme en matière criminelle.

L'homme en général n'arrive aux grands crimes que par degrés.

Des provocations ou des excès ont décélé, avant l'exécution de son forfait, le caractère violent du meurtrier. Les filouteries précèdent les vols audacieux.

La femme au contraire, une fois affranchie des entraves de la pudeur, affronte de prime abord et avec une étonnante impassibilité, les crimes les plus atroces. Que d'exemples on pourrait malheureusement citer !

Voyez la femme Bancal recevant froidement dans un baquet le sang de l'infortuné Fualdès.

Ici, une fille empoisonne son frère, et, redoutant sa guérison parce que la mort n'est pas assez prompte, elle répand à plusieurs reprises du poison dans la boisson ordonnée par le médecin, et qu'elle seule veut administrer.

Là, une mère étrangle à l'aide d'un cordon l'enfant qui vient de naître, va le précipiter elle-même dans une fosse d'aisance, et se rend sur-le-champ à ses occupations, avec un air de gaîté qui devait dissiper le moindre soupçon.

N'a-t-on pas vu, dans une ville de France, il y a quelques années, lorsque la garnison fut assassinée, des femmes mutiler les victimes, et porter dans les rues ces affreux trophées en forme de collier? Le féroce *Trestaillon* aurait reculé devant une telle horreur.

Cette différence entre l'homme et

la femme provient-elle des organes ou de toute autre cause? Je l'ignore. Je sais seulement que les faits sont constans, laissant aux savans le soin de résoudre la question.

J'ai terminé la tâche que je m'étais imposée. Ainsi que je l'ai déjà dit, je n'ai eu d'autre intention, en publiant cet écrit, que d'être utile à la société. Si j'ai atteint ce but, mes faibles efforts seront dignement récompensés.

FIN.

NOTA. On lit dans quelques exemplaires, à la page 24, 10.e ligne, *qu'il* a reconnus. Lisez : qu'on a reconnus.

TABLE

DES MATIÈRES.

CHAPITRE 3.

DES PERSONNES

Qui concourent à l'action de la Justice.

FIN DE LA TABLE.

www.ingramcontent.com/pod-product-compliance
Ingram Content Group UK Ltd.
Pitfield, Milton Keynes, MK11 3LW, UK
UKHW020315180726
13839UKWH00001B/467

9 782329 377810